N'oubliez Pas Les Fleurs vol 2

Par

Martin Robertson

Préface

J'ai grandi dans une rue multiculturelle de Montréal
appelée Mountain Sights à partir de 1965.
La rue était un marché d'idées et une étude intime
des cultures. Je dois beaucoup au privilège de toutes
mes expériences d'enfance, heureuses et tristes.
De la cour de récréation de la ruelle à l'école
supérieure où j'ai été transporté en bus. J'étais surtout
un enfant très chanceux. Élevé principalement par
une mère célibataire et étant enfant unique, j'ai appris
très jeune à gérer les affaires de la vie.
Même si nous n'avions pas grand-chose, j'ai pu créer
des amitiés solides et durables, dont beaucoup se
maintiennent à ce jour.

Je suis très impressionné par les poètes romantiques
des XVIIIe et XIXe siècles. Oser écrire sur les
émotions, la nature et l'amour aurait pu sembler
impertinent aux formalités de l'établissement et aux
protocoles qu'il contrôlait. Le courage de Whitman,
par exemple, est toujours une pierre de touche à ce
jour et l'imagination de Mary Ann Evans,
communément appelée George Eliot, est également
l'une de mes préférées. "Two Lovers" est l'un de ses
nombreux joyaux.

J'espère que tu apprécies

Martin Robertson

Je dédie ce livre à
mes fils

Ils ont mon amour
toujours.

Un merci très spécial à Shelley
et Ina.

Contenu

Matin de lamentations
En Attente
In Vino Veritas
Brume Pour Raison
Pinto Wye
Cette Bague
Un Nouveau-Né
Avec chaque ville
Tant
Tu Es La Raison
Pare Lanes
Bottes empruntées
Sur Le Nouvel Amour
Aucun Mais Quelques
Cette Femme Une Ile
Courage
En Toute Vérité
Sur L'amour
Tout à L'ombre De La Promesse

N'oubliez Pas Les Fleurs
Vol 2

Meilleur Que Moi

Ils sont plus magnifiques que je ne peux le
devenir
Une version bien améliorée de moi.
La force et la beauté de mes fils
Leur intelligence et leur créativité
Ils me transcendent.

L'essence en eux
Une lumière qu'aucun linceul ne peut obscurcir
Aucune ombre ne peut assombrir
Les grands esprits restent avec eux aussi
Pour guider et surveiller
Ils me dépassent.

Leurs yeux détiennent le passé et l'avenir
Les rêves fantastiques de demain
La merveille de tout ce qui est plein d'espoir
Le courage de tout ce qui est promis
Ils sont meilleurs que moi.

Je Me Précipite Vers Elle

Dans la vallée maintenant
L'ombre de l'aigle
Glisser sur la montagne
L'ombre glisse sur moi.

Mon épée pèse lourd
Les cicatrices et les taches l'ornent
C'est une poignée frottée lisse
Le bord marqué par la bataille.

Le dernier du pain seulement dans ma barbe
Et toute l'eau s'est écoulée de moi
Chemise tachée de sang et de sueur
Kilt en lambeaux sur les blessures à la jambe
Le muscle coupé pique.

La pensée d'elle me garde
Je peux sentir sa main sur ma poitrine
Chaleureux et affectueux
Ses yeux se sont fixés sur moi
Bleu saphir, éternel, aimant
Tout cela me maintient déterminé.

La nuit qui vient m'aide à me dépêcher
Je vois la maison maintenant
La fumée de la cheminée
Elle m'attend là-bas.

Son sourire depuis la porte
Sa chemise de nuit en dentelle blanche
Cheveux blonds dans la brise des hautes terres
Mon cœur maintenant plus fort que mon pas.

Je me précipite vers elle.

Ça Fait Trop Mal

Comme ils me manquent
Comment je rêve d'eux
Comment j'espère et prie pour eux
Il y a tellement de choses que je veux dire
Mais ça fait trop mal.

Oui je les aime
Oui, je souhaite que les choses puissent changer
Oui je suis douloureusement désolé
Il y a tellement de choses que je pourrais
expliquer
Mais ça fait trop mal.

Ai-je attendu trop longtemps maintenant ?
Ai-je perdu une chance avec eux ?
Ai-je brisé mon propre cœur en deux ?
Peuvent-ils me pardonner ?
Ça fait trop mal.

Appel Du Faucon

La montée était facile
Chaque prise sans effort.
Chaque pas est sûr
Le mesa lisse et sans défaut.

Je suis allongé nu sur la pierre chaude
Le soleil me complète
L'air du désert me nourrit.
j'aime la galaxie
Je me suis évanoui avec plaisir.

Je marche devant et dans les étoiles
À travers et au-delà d'innombrables
planètes
Couleurs, éclats, arômes, saveurs
Le tout en un instant.
Je passe silencieusement et sans danger
A travers la roche et la glace
les océans et la météo
Forêts et créatures.
Je n'entends que des sons purs
L'orchestre du ciel peut-être
Une Mezzo Forte aux voix parfaites
Du baryton au soprano
Le tout dans une unité exquise.
Un plaisir continu et constant.
L'appel du faucon me réveille.

La Prairie

A genoux devant un ruisseau
L'eau était douce et fraîche
Fantastique dans mes paumes et
sur mes lèvres.

Une brise chaude et apaisante
Portant le parfum de mille fleurs.
Le pré complet et parfait.

Je me tourne vers une silhouette
derrière moi
Un étranger même si je n'étais pas
concerné.
Sans visage, me protégeant du
soleil.

Une main se pose sur mon épaule
La touche rassurante.
Un flux apaisant de confort coule
à travers moi
Je replonge dans l'eau cristalline.

Bonheur Infantile

Avec des petits pieds
En cours
Sauter
Libérer

A venir rapidement
Quand elle a peur
À une étreinte sincère
Enveloppant
Sécurisé
Du repos.

Menton sur l'épaule de la mère
Doux et chaud
Endormi dans le ravissement
Déplacez-vous en toute sécurité
A travers la masse urbaine
ne s'en soucie pas
Au fur et à mesure que les ennuis passent.

<u>Beau Visage</u>

Café Cognac
Une ligne blanche
Trop pour rire
Tant de choses à dire.

Montréal la nuit
Les clubs ferment tard
Ouvert tôt
Les danseurs font une tuerie

Un autre café Cognac ?
Une autre ligne blanche ?
Tellement de quoi rire
Tout en manquant de temps.

Un Peu Plus Lent

Je sais qu'il y a quelque chose qui ne va pas
Puis-je vous aider
Je peux t'aider à tout voir
Je peux voir ce que tu ressens.

Laisse mon amour te donner une chance
Laisse mon amour te donner la vie
Laisse mon amour te donner de l'espoir

Dans mes rêves je te serre fort
J'ai peut-être perdu toutes mes bonnes intentions
Mais dans mes rêves c'était parfait
Je vais aller un peu moins vite.

Juste Devant

La fumée passe à travers mes lèvres
Nuage le reflet
Et le temps ne semble pas bouger
Comme nous le voudrions.

je dois partir
Je dois passer.

Cela ne semble-t-il pas vous faire questionner
Chaque fois que tu le laisses glisser
Que si vous aviez un préavis d'un instant
Voudriez-vous?
Voulez-vous sortir?

Relancer la pluie d'hier
Sur l'herbe de fin de nuit
Mes pieds mouillés.
À la recherche d'un peu de paix maintenant
Vous recherchez la tranquillité d'esprit.

Cours maintenant
Avec le désespoir juste derrière
je dois partir
Je dois passer.

Je Ferme Mes Yeux

Je revois mes meilleurs souvenirs
Enveloppé à l'intérieur de moi
Mon âme s'élève
Juste devant.
Tu me vois sais
Tu me vois sortir
sortie en regardant en arrière
Regarder dans
Et je te vois maintenant
je te vois pleurer

Et tu tends la main
Contactez moi
Et tu ne peux pas me toucher
Mais je te sens
À chaque fois.

Tu remets tout en question
Mais tu trouveras un moyen
Vous aurez raison.

Loisirs Dans Les Champs

Dans l'aube glaciale
Avec des mouvements incontrôlés
nuages d'air blancs
Réchauffez doucement votre front.

Les mains se serrent fort
Comme une voile à un mât
Congères
Passez sous votre arc.

Viens vite à la lumière
D'une cabane couverte
Tu souris
savoir que quelqu'un est là

Alors tu restes dans les champs
Pour un peu plus longtemps
Juste toi
Et ta jument au sang chaud.

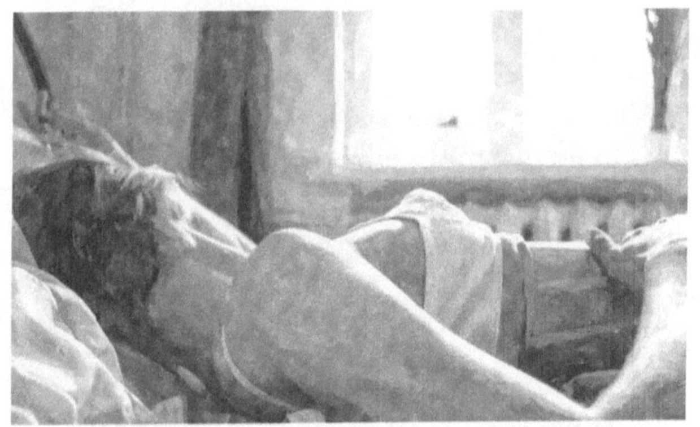

Elle Dort

Je dérive dans la nuit froide
Cachée dans le noir, je la vois.
Aussi subtil que la vapeur je me
rapproche.
Le pouls dans son cou frémit de vie
Vie vibrante enivrante.
Au moindre baiser
Je disparais dans l'éther.

<u>Absurdité</u>

Les lumières s'éteignent et je trouve toujours
mon chemin
Van Morrison en vinyle, du vin dans mon verre
La confusion me traverse l'esprit
Comme toujours.

Un banquet d'imagination sensuelle
Gaspillé sur les oreilles du commun.
Conversations vides
Sinon des esprits précieux.

Il est difficile de nager un peu plus profond.
Je viendrais prendre une bouffée d'air frais
Et en trouver d'autres à flot
Ils peuvent être mouillés mais ils ne vont jamais
sous.
souvenirs répétitifs
Jamais les idées douloureuses.
Le sens de l'humour
Jamais loin d'être salace.

Personne ne parle jamais de rêves
Personne ne parle de qui il est vraiment
Ce qu'ils signifient pour eux-mêmes
Quels désirs comptent.
Comme toujours

<u>Le Reflet Emeraude</u>

Sous la chaleur du soleil
Dans un champ d'herbes hautes
Un jardin clos de murs en pierre.
Le brouillard se retire.

Une clé de voûte brille
L'arche maintenant présente
Elle se tient parmi les nouvelles
fleurs à l'intérieur.
Est-elle consciente de ma distance ?
Progrès prudent maintenant.

Son visage caché par les guirlandes
de ses cheveux
Dansez joyeusement dans une
nouvelle brise.
Peut-être un doux sourire.
Une fleur est cueillie
Adoré par son toucher

Mes lèvres s'entrouvrent lentement
alors que le temps ralentit
Donnez le privilège de témoigner
Son corps se balance alors qu'elle
savoure l'odeur.
Sous la chaleur du soleil
En attendant le reflet émeraude
Caché au fond de ses yeux
Cela libérera le flux de persuasion.

D'un Fidèle

de quoi rêves-tu
Mes fidèles
Alors que tu étais si tranquillement
allongé
Au pied de mon lit ?
Y a-t-il des balles et des jouets
Tu joues avec quoi ?
Ou des os à déterrer
D'un sol sombre et doux ?

Que vois-tu
Dans cet esprit curieux
Alors que tes jambes tremblent
Et votre manteau chaud tremble ?
Suis-je ici avec toi
Dans un champ herbeux
Jouer au lancer et attraper ?
Ou courons-nous encore et encore
Par des journées d'été interminables ?

Rêve sur mes fidèles.

L'aube de l'hiver

Je ne t'ai pas oublié, mon ami venteux
Alors que tu voles autour de mon monde
Et toujours la nuit avec ton souffle timide
Faire tomber les feuilles pour adoucir ma
marche en avant.

J'ai attendu maintenant
Pour voir comment tu balayes le pays des
déchets d'été
Donner du vol au volant
Et la mort aux mourants.

J'ai attendu ton étreinte cool
De mes joues roses et de mes larmes de
cristal
Pour me rappeler les précieuses marées de
la vie
Dans la mer de mon existence.

Quel avertissement poli tu donnes
Du froid qui est sûr de venir sur moi
Pour que je puisse aller chercher du bois
pour chauffer ma maison
Et couvrir mon lit avec la couette de
maman.

Quelle grande attention tu accordes
Pour partager les espoirs de l'année écoulée
Et l'amour des amis et de la famille à la fois
Tous avec des rêves lointains et nouveaux.

Je ne t'ai pas oublié, mon ami venteux
Alors que les grands nuages dansent sur tes
chansons du temps
Pour illuminer le matin pour que le soleil sourie
Et faire fondre le givre
Dans les champs de lames froides.

<u>Rêver D'attentes</u>

     J'ai trouvé mon ami James
Un petit frère pour moi
Ou il m'a trouvé.

Je me suis réveillé en splendeur
Sachant que je n'avais pas à partir
Ni t'inquiéter.

J'ai volé vers des repères exotiques
je m'arrête pour le prendre
Je décide de me reposer.
J'ai tenu une femme que j'aimais
Ma volonté, sa joie
Elle me fait confiance avec les autres.

Mes fils apprécient ma compagnie
Leurs yeux remplis de conviction
Ils disent qu'ils m'aiment.
Mes amis m'ont vu sous un nouveau jour
Excusant mon absence
Embrasse-moi.

Mon corps était en bonne santé
Avec des graines depuis des générations
Infatigable et belle.

<u>Ce Moment</u>

C'est dans sa grâce et son excitation
Il oblige cet homme à s'armer
Pour ce moment d'attirance.

Cette subtilité, son tissu
Cette tendresse, son credo
Cette passion, Son don désintéressé.
Volontiers docile à toute autre
personne qu'elle choisit.

Belles courbes,
soyeux au toucher
Tout sauf ridiculiser la science et le
hasard
Tous les objectifs se rendent pour ce
moment
Tous les ennuis perdus pour la
sensuelle Providence.

C'est dans son regard et son
inclination
Cela valide le plein potentiel
Pour ce moment d'attirance.

Pour Maintenir Le Confort

Au repos je lis attentivement
mes mains
Scannant les années en eux
Ils m'ont servi et d'autres.

Les cicatrices et les histoires qu'elles
contiennent
Embrassé par une lame d'acier froide
ainsi que des lèvres douces et
chaudes.
Douleur et blessure en eux
Toujours capable de guider et de
créer
Enseigner et céder.
Chaque vallée en eux
Comme des routes anciennes sur un
paysage aride
Né de roues de char.
Le sang qui coule en eux
Soutenez les rivières violettes
Toujours palpitant juste sous la peau.

Un tel espoir en eux
pour garder à nouveau le confort.

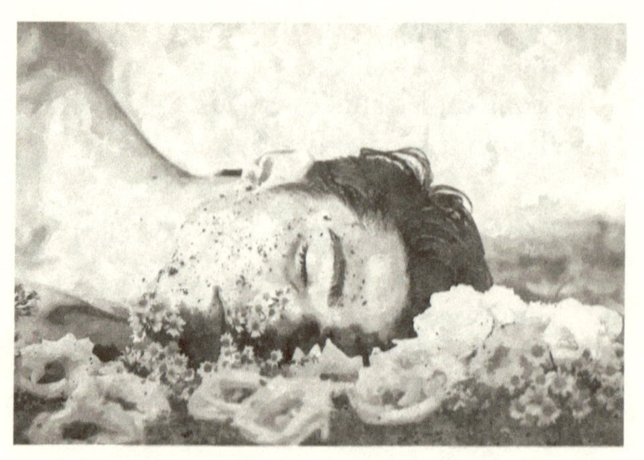

<u>Passion</u>

Déchire mes vêtements
Laisse le souffle de ma chair
        Evadez-vous dans le froid.

Que vois-tu
Dans le reflet de mon sang ?
Peut-être vous-même ?

Comprend moi
Alors que tes larmes coulent sur mes
lèvres.
Écoutes-tu
Comme ton cri le plus profond
Se fond dans la nuit.

Essuyez vos traces de l'acier
Place-le dans ma main
Qui saura?

je t'ai aimé
j'étais vrai
Embrasse-moi.

En Mémoire

La main vivante
Graver dans la pierre les mots pour les
morts
Beaucoup d'hommage pour ce qui est
perdu
Et ce qui est arrivé.

Est-ce que mon esprit deviendra
conscient
De ce mémorial ?
Aurai-je des yeux pour le voir ?
Pourrais-je me brosser la joue
Contre son vernis ?
Est-ce que je sentirais la pierre fraîche
sur mes lèvres ?
La terre humide sur mes genoux ?

Je n'ai pas besoin de cet hommage de
pierre
Alors que je passe dans la lumière
Au-delà de notre entendement.

Nouvel Homme A L'aube

mon esprit est vide
Comme ravagé par le feu
Le feu que j'avais créé dans mon propre
cœur
Alimenté par l'angoisse dans ma propre
âme.
mon âme méchante
Esclave des vices et des désirs.

Faible maintenant
Le sang empoisonné de ma vie
S'est vidé de mon corps.
Plus facile de se sentir fort
Quand l'âme est mauvaise
Fausse vigueur.

Que mon vide soit comblé
Avec amour, honneur et courage.
Aime me donner du courage.
L'honneur de me rendre fier.
Le courage de tout conquérir
Ce qui me démolirait.

Je ne serai pas démoli.

<u>Solacium</u>

Il y avait un homme
Il marchait où il voulait
Nous espérions qu'il viendrait à
nous.

Il parlait rarement
Et nous voulions écouter
Parce que les mots étaient la
vie.
Il nous apprendrait
Et nous voulions apprendre.

Il n'avait pas grand chose
Même s'il nous a tout donné.
Il a donné comme un fleuve
donnerait.

Quand il ne restait plus rien
C'est à nous d'apprendre
Plus de douleur à apaiser
Il a traversé l'horizon
Avec la lumière
D'un soleil couchant.

<u>Rejoue-Le</u>

C'est une nuit froide et menaçante
Juste un cœur qui bat me tient
compagnie.

Comment ai-je pu tenir si
longtemps ?
S'il vous plaît, personne ne
m'enlèvera.
J'ai besoin de dormir.
On dirait que je ne reverrai plus
jamais le soleil
Cher Dieu, comme le soleil me
manque.

Quand cette douleur cessera-t-elle ?
Quand serai-je libre ?
Mon corps se sent si faible mais mon
arme ne tombera pas
De ces mains sanglantes.
C'est tout ce que j'ai pour sauver
mon ami mourant
Et ce qu'il reste de moi.

Enfin merde !
Je sens de l'acier froid dans ma jambe
Et le high ressemble à un ami perdu
depuis longtemps.

La jungle s'éloigne de moi
Comme plusieurs fois auparavant
Et encore et encore.

<u>Congé à Terre</u>

Grattant le sang séché de mes yeux
Je les ouvre à une autre obscurité
Ça sent l'abattoir
Métallique et ancien.

Fumée et vapeur
plaie ouverte
Remplis mes poumons et assombris
le ciel nocturne
Au-delà du plafond déchiré.

Avec les jambes enflées
Ma main vagabonde
Je touche le pilier sur ma poitrine
Immobile
Comme s'il faisait partie de moi.

Un éclair de blanc pur
je vois un instant
Yeux sans vie autour de moi.
Maintenant tonnerre.

Alors qu'une larme de sang roule sur
mon visage
je prends mon dernier souffle
Et dériver à travers le plafond
déchiré.

De La Charge De Chute

Retenant un soupir
Dans l'éternel matin
Je m'étends dans une poigne froide
D'une crevasse oubliée
Dans le rocher escarpé du paysage
sombre de mon esprit
Intention de votre voix
Et c'est une jolie guirlande.

je veux de la chaleur
De l'amour que nous avons partagé
Alors que je brave la pluie
Sous un ciel enfumé
De la charge de chute

atteindre désespérément
Pour l'évasion de mon coeur
Mes mains ne trouvent aucun achat
Au pied de ma création.

Seuls sont les moments
En jours gris comme ceux-ci.

La Vérité Dans Les Yeux

Musique en cours
Des sourires perceptibles
Tout sous contrôle.
vrais sentiments
bien au-dessous
Pourtant fort.

Eaux du pont
Froid Revigorant
Pensa deux avec ferveur.
la gestion
Au milieu des êtres chers

Confiance en essayant
Confiance assurée
Commis par soin.
Maintenant si maladroit
En faisant face
L'une et l'autre

Matin de lamentations

Se réveiller tôt dans un froid solitaire
Avec des impressions obsédantes
D'une main douce et parfumée,
N'ose pas fermer le mien
Peur de découvrir
Une paume vide.

souvenirs douloureux
Moments subtils d'amour
tendresse chérie
Jeté dans un recoin sombre
Lucide mais fugace.

Donnez une larme solitaire
À rouler
lent comme le temps
Salé, chaud
Il s'estompe sur mon oreiller.

Avec une faible réserve
mes yeux s'ouvrent
La douleur repoussée à nouveau
Comme je me lève tôt
Dans le froid solitaire.

En Attente

Qu'est-ce que la patience vaut la
peine d'essayer?
Le temps ne devrait pas passer moins
pénible
Quand discipliné pour l'un ou l'autre
des résultats ?

Distractions temporaires
Qui arrivent trop rarement
Remplissage mais peu de temps
Le temps mort s'est laissé derrière.

Moments d'incertitude
Constant et curieux
Laisse peu de repos
Seulement pour attaquer quand il est
le plus attaquable.

D'où viennent ces instants ?
Comme des rapaces furtifs dans la
partie la plus sombre de la nuit
Sans compassion
Impitoyable et précis dans son
objectif.

De quelle récompense se
nourriraient-ils
A ramener dans leur nid
Fait de reliures mystérieuses ?
Y a-t-il des bribes de chagrin
d'amour
collecté auprès des autres
Dispersés dans leur sombre creux ?

Que vaut le temps
lorsqu'il n'est pas bien accueilli
A partir de maintenant jusqu'à la fin.

<u>In Vino Veritas</u>

Un tel gâchis bavard
restes de persévérance
Conversation et débat
Dispersés sur la table et le rebord.
Tous les verres vides sauf le mien.

Assis dans un silence splendide
Réfléchir aux idées partagées
Discussions dogmatiques
Confessions solennelles
Sans fin.

Puis la réticence amicale
Puis la recherche du repos
Reconnaissant pour la fin de la nuit.

Brume Pour Raison

Une étrange brume
marche vers moi
Ça me tient à l'écart
Immédiat
me rend silencieux
Lointain comme dans le vide.

je me force à m'allonger
je devrais être confus
Un sentiment si puissant.

Cette brume sinistre
De conception étrange
Maintenant couvre-moi
m'entoure.

Retenant toujours son souffle
Avec appréhension
Attente prudente.

C'est la pluie.

<u>Pinto Wye</u>

Je m'imagine devant le feu
Aimé par de chers nouveaux amis
Bien qu'avec les saisons les sourires
s'estompent plus brutalement
Maintenant hors du temps.

Puis-je retourner dans le désert
Et être libre avec tout le monde ?
Puis-je entendre le refrain lointain
Et embrasser ce soleil couchant ?

Prends ma main et nous irons
Pour Split Rock Group ou au-delà
Laisse-moi enfin disparaître pour toi
Mon essence dérive à travers les arbres
de Josué.

<u>Cette Bague</u>

Les choses peuvent devenir un peu difficiles
J'ai besoin d'un temps et d'un endroit pour toi
bébé
On ne peut pas continuer comme ça
Ça me déchire de ne pas te retenir.
La façon dont mes mains se sentent sur tes
hanches me manque
Le goût de ta bouche sur mes lèvres me manque
J'ai besoin de toi mais tu as cette bague.
Quand va-t-il changer ?
Quand pouvez-vous me donner ce que je veux ?
Quand puis-je te donner ce dont tu as besoin ?
Tout ce que j'ai, c'est tout, n'importe quand.
Je dois me réveiller avec toi
Je dois te faire sentir bien
je dois dire la vérité
je dois te voir ce soir
Mais vous avez cette bague.

<u>Un Nouveau-Né</u>

Tout commence dans les profondeurs
d'une personne
Où les sources de deux
Combinez en un seul.
où l'enfant prend racine
Pour une existence non recherchée dans la
vie.

Là se prépare une toile d'esprit et de
mémoire
Et grandir dans un bassin d'anticipation
sensorielle
Vu les qualités de la mère
Pas assez connu
Pour établir un personnage
Pour le monde à lui non montré.

Bientôt à l'expérience
Une très grande différence
Alors qu'il ouvre les yeux
Et déchiffrer ce qu'il lui reste à apprendre
Pour qu'il puisse vivre et composer
Un nouveau-né.

<u>Avec chaque ville</u>

Comment je ferme les yeux quand je
suis tout seul
Je te vois sourire.

Quand je pense à tous nos moments
difficiles
Je nous vois essayer.

Alors que ces souvenirs deviennent
trop longs
on se convainc que c'est beaucoup
trop fort
d'un sentiment
passe.

Quand j'entends ce train siffler
Je serai prêt.
Et quand je te cherche
J'espère que je suis stable.

Avec chaque ville que je traverse
un morceau de moi restera derrière
comme un sentier bébé
vous ramène.

<u>Tant</u>

Laissez votre téléphone sonner
C'est peut-être quelqu'un d'autre
Chaque fois qu'il appelle, cela lui
cause tellement de douleur.

Quelqu'un frappe à la porte
Laissez-les frapper une fois de plus
Rendormez-vous et peut-être qu'ils
s'en iront.

Dérive vers la plage
Pas à la mer
Regardez comment l'eau entoure vos
pas.

et tu pleures
Vous avez tellement de questions
Tu te demandes pourquoi il compte
autant pour toi
Et ça donne toujours envie de
ralentir.

Brossez-vous les mains sur du verre
mouillé
Regarder l'eau couler
Cela tombe comme vos espoirs, vous
pensez si profondément pour vous-
même.

Réveillez-vous de vos larmes
C'est seulement tes peurs qui te font
te cacher dans ton lit
Ne pouvait-il pas te laisser tranquille.

Un foulard sur la chaise
Tu connais le parfum
Est-il vraiment parti ?
S'en est-il jamais soucié ?

et tu pleures

Tu Es La Raison

Je ne sais pas où j'ai trouvé la force
retenir les larmes
Mais je connais ce sentiment d'un cœur
solitaire
pourrait rester avec moi pendant des
années.
J'aimerais avoir la chance de vous en
montrer plus.
Vous êtes la raison de l'amour.

Chaque nuit quand je suis fatigué
je rampe dans mon lit
Mais quand je ferme les yeux je sens ton
corps
et je reste éveillé à la place.
Je ne pensais pas que ça allait être comme
ça.
Ne pouvons-nous pas avoir un autre
baiser?

Chaque fois que le téléphone sonne
ça me coupe le souffle.
j'attends toujours de tes nouvelles
dites que vous êtes en route.

Mais c'est juste un ami qui sait que je me
sens mal
et a dit "Allez mec, allons au centre-ville".

Quand je marche sur une plage solitaire
ou un endroit romantique,
Je continue d'entendre ta belle voix
mais je ne vois jamais ton visage.
Bébé, reviens, j'ai plus besoin de toi.
Vous êtes la raison de l'amour.
Donnez-moi une chance de plus de vous
en montrer plus.
Oui, tu es la raison de l'amour.

Pare Lanes

Je les rencontrerai là bas
J'ai promis
Je jure

Quelque chose ne va pas avec mon vélo
je ne peux pas partir maintenant
Larry, pouvez-vous le réparer ?
Pouvez-vous me montrer comment?

Mes amis m'attendent
Terry, Jeff et eux
J'ai de l'argent pour le flipper
Je peux tous les battre.
Je peux tous les battre.

Larry, où vas-tu ?
Tu as dit que tu serais toujours là
Serez-vous de retour?
Je te chercherai
En descendant Paré
Dans ta Cadillac blanche.

Bottes empruntées

Si j'avais un beau sourire
Je jouerais sur grand écran
Je serai le plus grand acteur bébé
Brando a même vu.

Mais je ne peux pas garder mes pieds
Sur la même piste
Quand je fais un pas en avant
je recule de deux pas

Mais il y a une chose bébé
J'espère ne jamais perdre
Et c'est mon amour pour toi..

Mettre mes bottes empruntées
Sortez par la porte d'entrée
Quand tu m'appelles bébé
je n'y habiterai plus

Si tu me voyais debout
Dehors sous la pluie battante
Eh bien ne vous inquiétez pas
Parce que ça soulage la douleur

Mais il y a de la douleur bébé
J'espère ne jamais perdre
Et c'est mon amour pour toi..

Sur Le Nouvel Amour

Oh qu'est-ce qu'elle m'a fait ?
Avec un charme si lumineux
Mon coeur volé
Par la flèche de Cupidon
pas de signe
Aucun signe de blessure

Torturé par le temps
je l'attends
Donc je peux
respirer à nouveau.

Aucun Mais Quelques

Seulement assez est donné à la fois
Mots et émotions partagés avec
prudence
Et justement.
"Ce n'est pas un jeu d'enfant à portée de
main
Il s'agit de dévouements plus forts.
De l'expérience supérieure.
Dont l'essence n'a pas de but pour la
malveillance.
Il n'y a pas de frontières ici
Aucune récompense pour ceux qui
choisissent de battre en retraite.
Ni aucune compensation pour l'effort.
Pas de place pour la fierté.

Laissons tous de côté nos hésitations
Et réjouissez-vous de notre courage.
Aucun mais quelques-uns ont été
donnés à ce moment
Et a prévalu.

Parce que voir ces moments sont une
victoire
A l'âme et à l'esprit vivant.
Ces moments sont sources de vie
Seul le véritable amour peut dissiper les
illusions boueuses de la dévotion.

<u>Cette Femme Une Ile</u>

Je navigue
Mon navire, éprouvé et utile
Un vent chaud me porte
A travers des eaux inexplorées
Vers une île que je désire.

Il n'y a pas de peurs
Pas de regrets
le temps est indolore
Je me repose dans cette brise
réconfortante
Il m'emmène au paradis.

Quand je ressens du réconfort
Le sable chaud sur ma peau
je vais faire une pause
Découvrir avec patience
Ses trésors cachés.

<u>Courage</u>

Surmonter
 peurs et limites
Est l'une des nombreuses références
Pour vivre une vie calme.

Au moins, essaie
Grandir avec l'acceptation.
Apprendre avec l'expérience
Et aimer sans tergiverser.

Par dessus tout
Donner la charge au courage.

En Toute Vérité

Tant a été fait.
La force de l'histoire
Mains la mariée de demain
Le confort pour lequel nous avons saigné.

Le temps permet à la nouvelle partie de notre
cœur
Être entendu.
Il n'y a pas de perte de stature
Dans cette marchandise.
Aucune perte d'intégrité dans aucune vérité
Il traverse nos lèvres.
Vous pouvez goûter toute l'histoire
En une vérité.

Le temps permet de reconsidérer
Pour le pardon.
Pour l'amour et l'ingéniosité
Et malheureusement, le temps permet la
guerre
Et à la guerre on saigne pour demain.

<u>Sur L'amour</u>

Si instable est l'esprit
Qui suit un coeur vide
Sur une route sombre et anxieuse.

Une route déroutante et indésirable
Bien qu'il reste devant moi
En attendant que je place
Un pied réticent devant l'autre.

Est-ce que je trouverais l'amour ?
Est-ce que je viens de passer ?

Comment je maudis ce monde
Ce qui demande tant de direction.
Qui suis-je pour connaître ma
valeur ?
Quand mes intérêts sont si
nombreux
Et ma solitude si grande.

Dois-je tomber dessus
Serait-ce vrai ?
Ou devrais-je réessayer.
Il n'y a pas de logique dans l'amour
Et pour ça je suis tous les deux
désolé
Et reconnaissant.

Tout à L'ombre De La Promesse

Comment la vie guide tant de personnes
différentes
Dans tant d'endroits différents
Le destin est-il la référence absolue ?
Ou peut-être la vérité ?
Le hasard peut-être ?
Amour?
Nous sommes trop désireux de diminuer la
validité des nouvelles idées.
Foi et vérité, lorsqu'elles sont unies
Sont un évangile mystérieux et puissant.

Ceux qui peuvent facilement rejeter la foi
Sont ceux-là mêmes qui sont la raison de leurs
espoirs
Libre d'accréditer sa propre angoisse
Ou ridiculiser vos choix.
Dans tous les débats, tous les recoins sombres
de notre personnage
Toutes les considérations de la plus robuste de
nos amitiés
Même les aspects effrayants
Oui, même pour ça
Nous avons un destin.
Aussi omniprésent que le hasard.
Et tout cela à l'ombre de la promesse.

Avec ce bijou que nous avons trouvé dans
nos personnalités
Le souvenir que nous chérissons qui nous
sépare du doute
Nous trouvons une nouvelle force.
Et ne rien laisser au hasard
Nous pouvons sortir de l'ombre
Et résister au destin.
Et nous ne devrions plus jamais saigner
Pour rien de moins que l'amour.

A propos de l'auteur

Martin Robertson est né à Montréal, au Québec, où il a passé la majeure partie de sa jeunesse et a commencé à écrire à l'adolescence.

 Autrefois chroniqueur pour un journal local, il réside maintenant sur l'île de Vancouver en Colombie-Britannique, au Canada, et travaille actuellement sur un roman.

Remerciements supplémentaires
A la suite

Mikhail Konetski
Mati Mango
Pixabay
Fernando Cabral
Rodnae Productions
Faical Zaramod
Cottonbro Studio
Tim Mossholder
Kristina Paukshtite
Helena Lopes
Igor Korzh
Sergey Meshkov
Roman Odintsov

Seamus/Aryn

martinrobertsonbooks@gmail.com